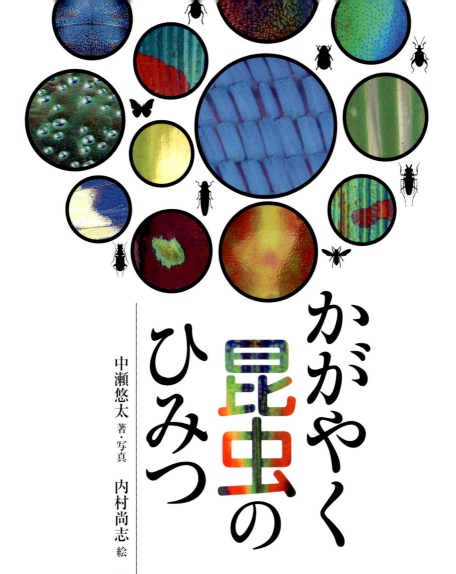

かがやく昆虫のひみつ

中瀬悠太 著・写真

内村尚志 絵

野村周平 監修

はじめに

　古くから、宝石や金属は、人びとを魅了し、装飾品として使われてきました。生きもののなかにも宝石や金属のようなかがやきをまとったものがいます。鳥のはねや魚、昆虫、貝など、きれいな色をしており、一部は宝石などとともに装飾に使われることもあります。そのなかでも、最も多様なかがやきを見せてくれる生きものは、やはり昆虫です。きれいな昆虫といわれてすぐに思いつくのはチョウやタマムシでしょう。チョウは色とりどりの美しいはねを、タマムシであれば金属光沢のような美しいかがやきをもっています。

　私たちの身のまわりにある色の多くは色素によって着色された色ですが、昆虫がきれいな色を出すしくみには、色素だけでなく構造色（細かい形によってつくられる色）が大きく関係してきます。この本で紹介している美しい昆虫のかがやきは、構造色によってつくられているものがたくさんあります。

　さあ、いますぐページをめくって、昆虫のかがやきのひみつをさぐっていきましょう。

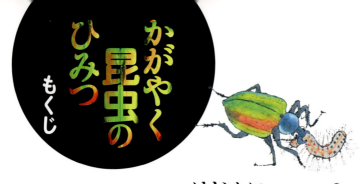

かがやく昆虫のひみつ もくじ

はじめに……………2

6 かがやく**コガネムシ**のなかま

16 かがやく**カミキリムシ**のなかま

20 かがやく**タマムシ**のなかま

30 かがやく**オサムシ**のなかま

34 かがやく**ハムシ**のなかま

 かがやく**ゾウムシ**のなかま

かがやく**ハチ**のなかま

 かがやく**チョウ**のなかま

おわりに……………62

かがやく昆虫のひみつ

- ●美しい"玉虫色"…26　●タマムシのかがやくひみつ…27
- ●ほかにもある！ こんな構造色…28　●にじが見えるわけ…29
- ●フォトニック結晶…42　●モスアイ構造…44
- ●光を反射しにくいセミのはね…45
- ●モルフォチョウの青色のひみつ…58　●生きものに学ぶ…60

凡例

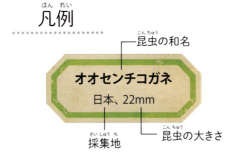

昆虫の和名
オオセンチコガネ
日本、22mm
採集地
昆虫の大きさ

昆虫の大きさ

体長
チョウ以外の昆虫

開張
チョウ

かがやく
コガネムシのなかま

かがやく昆虫の代表格

　コガネムシのなかまには、金属のようなかがやきをはなつ美しいものが多くいます。その色もさまざまで、緑や青だけでなく、なかには金色や銀色にかがやくものもいます。カブトムシやクワガタムシもコガネムシのなかまです。
　動物のふんに集まるコガネムシのなかまは「ふん虫」とよばれ、ふん虫にも美しい色をしたものがいます。

コガネムシ

まるで鏡のような美しい体をしている。

あしの先にも金属のようなかがやきがあるが、胴体とはちがう色をしている。

プラチナコガネの一種
パナマ、26mm

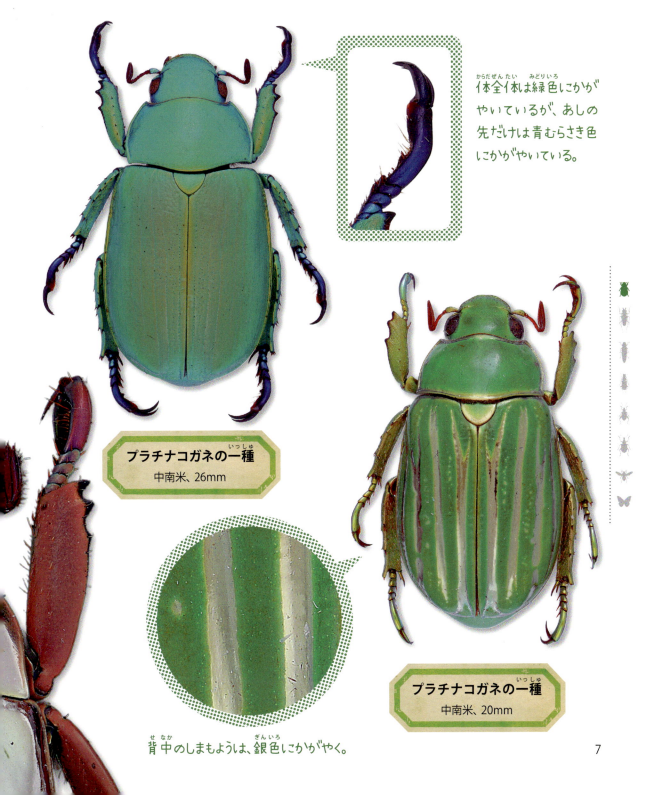

体全体は緑色にかがやいているが、あしの先だけは青むらさき色にかがやいている。

プラチナコガネの一種
中南米、26mm

プラチナコガネの一種
中南米、20mm

背中のしまもようは、銀色にかがやく。

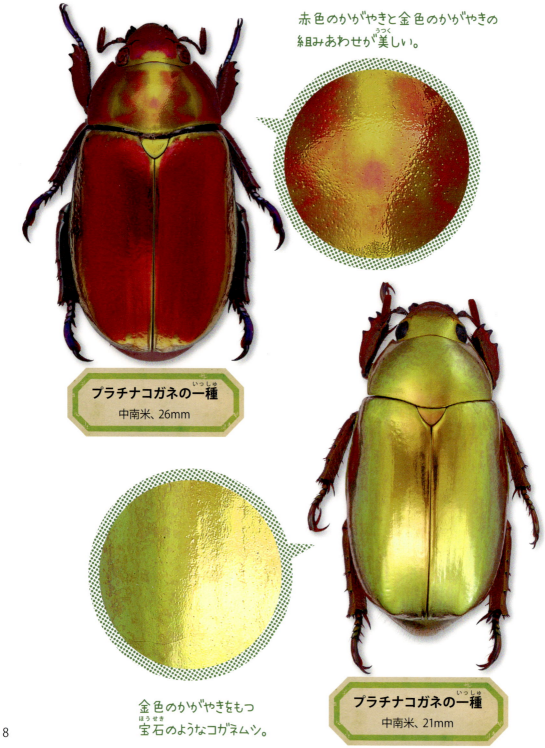

赤色のかがやきと金色のかがやきの組みあわせが美しい。

プラチナコガネの一種
中南米、26mm

金色のかがやきをもつ宝石のようなコガネムシ。

プラチナコガネの一種
中南米、21mm

コガネムシ

オス　メス

ニジイロクワガタ
オーストラリア、オス60mm・メス35mm

にじ色の美しい体色をしていて、とても人気のあるクワガタムシ。

大きくてりっぱなあご。

ニジイロクワガタは、オーストラリアの熱帯林にすむ昼行性のクワガタムシ。昼間に活動することとかがやく体の色は、関係があるのかもしれない。

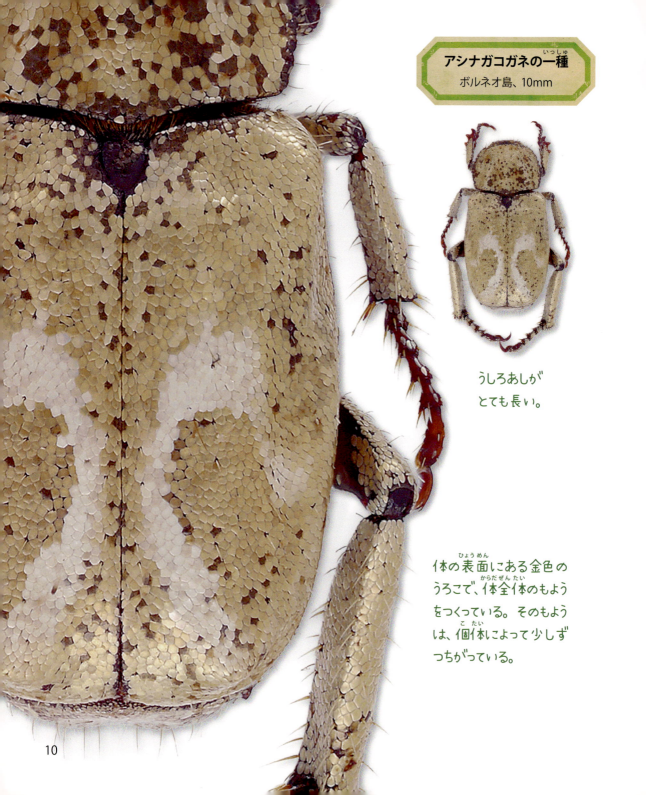

アシナガコガネの一種
ボルネオ島、10mm

うしろあしが
とても長い。

体の表面にある金色の
うろこで、体全体のもよう
をつくっている。そのもよう
は、個体によって少しず
つちがっている。

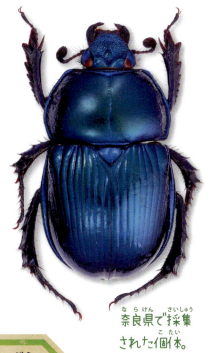

北海道で採集された個体。

奈良県で採集された個体。

オオセンチコガネ
日本、22mm

同じオオセンチコガネでも緑色や赤色、青色など、いろいろな色がある。

栃木県で採集された個体。

オオセンチコガネは動物のふんを食べる。

胸部のだいだい色がかっこいい。

太い前あしとうすく広がった頭部は、ふんや土をほるのに適した形をしている。

ニジダイコクコガネの一種
中南米19mm

ニジダイコクコガネのなかまは、動物のふんを食べる。

オス　　メス

コガネムシ

オスには、頭部と胸部にりっぱな角がある。

オス　　メス

ニジダイコクコガネの一種
中南米、26mm

オス

メス

胸部の美しいグラデーション。

ニジダイコクコガネの一種
中南米、23mm

オスの胸部には、うしろ向きに一対の角がある。まるで武士のかぶとのような、勇ましいすがただ。

オス

かがやく カミキリムシ のなかま

長い触角がトレードマーク

カミキリムシは、枯れ木や弱った木を食べて成長します。木を枯らす害虫として扱われることも多い昆虫ですが、大きくてきれいな種類も多く、人気があります。日本にいるノコギリカミキリのなかまは、黒っぽくて地味な色をしていますが、中南米にはカラフルにかがやくものがたくさんいます。

大きなあご。

長い触角。

個体によって色あいはさまざま。学名には、エメラルドを意味する「エスメラルダ」いう名前がつけられている。

ノコギリカミキリの一種
コロンビア、21mm

オニノコギリカミキリの体の色は、個体によってちがいがある。この写真のように緑色のものだけでなく、むらさき色や赤色、青色など、さまざまな色の個体が見られる。また、色だけでなく、かがやきの強さも個体によってちがう。これは、色をつくるための構造が個体によって少しずつちがうため。

オニノコギリカミキリ
コロンビア、48mm

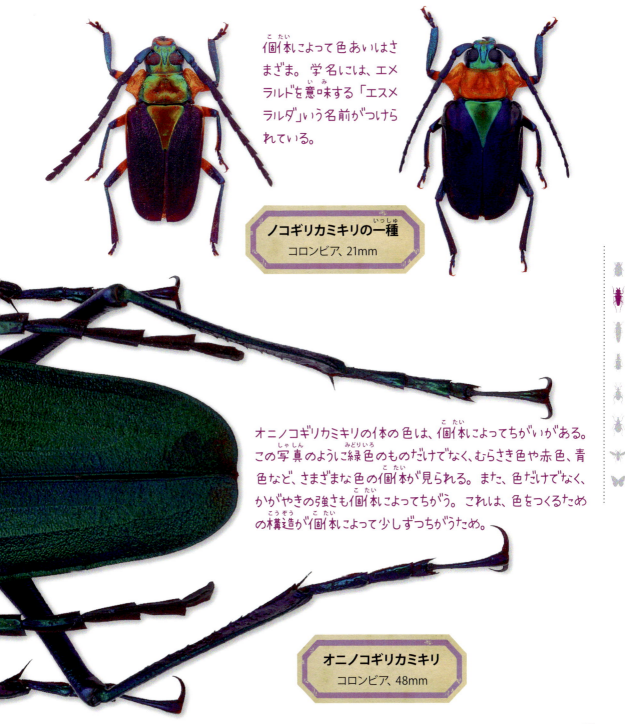

いろいろな色やもようの個体(こたい)がいて、かつては別(べつ)の種類(しゅるい)だと考えられていた。毒(どく)のある虫に色あいを似(に)せているものもいる。

ニジバネルリヒゲノコギリカミキリ
ブラジル、15mm

カミキリムシ

同じ種類のノコギリカミキリでも、個体によって色がちがう。

ツヤケシエメラルドノコギリカミキリ
ブラジル、15mm

かがやく タマムシ のなかま

まるで宝石のような昆虫

タマムシのなかまは、美しくかがやく体をもつ種類が多く、まさしく宝石のような昆虫です。ヤマトタマムシの幼虫は、サクラやエノキの弱った木や枯れ枝を食べて成長します。成虫は、夏のよく晴れた暑い時間に木の上を飛んでいます。

タマムシ

横から見たようす

ミドリフトタマムシ
タイ、45mm

ミドリフトタマムシの口。
がんじょうな大あごで、
かたい植物も食いやぶる。

頭部や触角にも、金属のようなかがやきがある。

体の表面を拡大すると、細かなしわとまばらなへこみがあることがわかる。

地味なタマムシで、小さい種類が多い。短い毛で、体のもようをつくっている。

チビタマムシの一種
ラオス、6mm

ヤマトタマムシ
日本、40mm

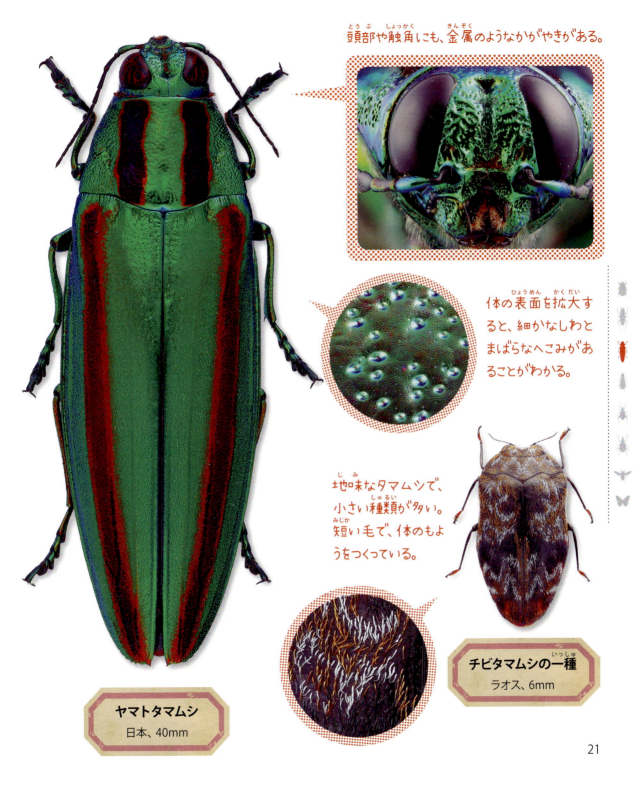

タマムシ

アオタマムシ
日本、15mm

はねには細かいみぞがある。モミなどの針葉樹を食べて育つ。

ミイロカドアカタマムシ
インドネシア、27mm

緑色、赤色、青色とカラフルな色彩をはなつ。

オオルリタマムシ
タイ、60mm

世界最大級のタマムシ。

一対の小さな角がある。

ムツボシタマムシの一種
ブラジル、9mm

深いむらさき色のかがやきと明るい緑色のかがやきの組あわせがかっこいい。

オウサマムツボシタマムシの一種
ペルー、26mm

カクスジタマムシの一種
ブラジル、6mm

ニセカドアカタマムシの一種
ペルー、13mm

どちらも小さいタマムシ。暗い地色に、光沢のある明るい色の筋が入る。

タマムシ

青色や緑色の部分には光沢があるが、赤い部分には光沢がない。

フィッシャーナンベイムカシタマムシ
チリ、26mm

スジナンベイムカシタマムシ
チリ、19mm

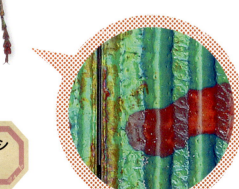

緑色の部分に光沢がある。

25

かがやく昆虫のひみつ

美しい"玉虫色"

　タマムシは、見る角度によって色がちがって見える美しいはねをもっています。「見方によってどのようにも受けとれる」という意味で「玉虫色」という言葉がありますが、この言葉は、タマムシのはねの色に由来しているのです。

　昔の日本人も、タマムシの色を美しいと感じ、工芸品などに利用してきました。有名なものには、法隆寺の玉虫厨子があります。

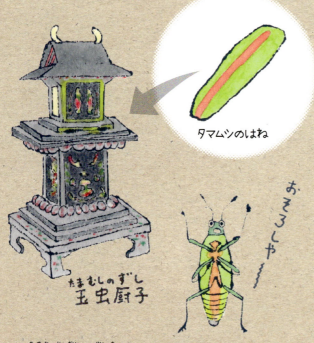

タマムシのはね

たまむしのずし
玉虫厨子

おそろしや～

飛鳥時代(7世紀ごろ)につくられた仏教工芸品。表面に無数のタマムシのはねがはりつけられた。

タマムシのはねを利用した伝統工芸品。タマムシのはねを小さくカットし、器の表面に一片ずつはりつけている。

タマムシのかがやくひみつ

　タマムシの美しい色は、どのようにして生みだされるのでしょうか。そのひみつは、はねの構造にあります。

　タマムシのはねの断面を見てみましょう。電子顕微鏡という特殊な顕微鏡で拡大すると、層状になっていることがわかります。この層状構造により、はねに当たった光のうち、特定の色の光だけが強められて反射され、あざやかなはねの色が生まれます。これは多層膜干渉とよばれます。

　タマムシの美しい色は、色素で着色された色ではなく、特殊な構造が光を反射して見えているのです。このような色を、構造色といいます。

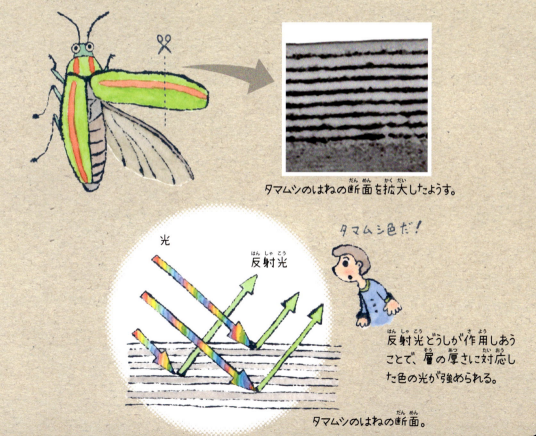

タマムシのはねの断面を拡大したようす。

タマムシ色だ！

反射光どうしが作用しあうことで、層の厚さに対応した色の光が強められる。

タマムシのはねの断面。

ほかにもある！ こんな構造色

　魚の銀色のかがやきは、タマムシと同じように多層膜干渉による構造色です。構造色は、色を生みだすための構造が残っていれば、発色は失われません。そのため、イワシを乾燥させた煮干しも、もとのイワシと同じように銀色のままなのです。
　また、人工的に構造色をつくっている例もあります。たとえば、1万円札のホログラムは構造色で、光の当てかたによってさまざまな色に発色します。ホログラムを拡大していくと金属の規則的なもようが見えてきます。このような構造が回折格子（光をさまざまな色に分ける構造）としてはたらき、構造色が生まれます。昆虫では、ハネカクシなど一部の昆虫に同じような原理で発色しているものがいます。

イワシの体は、煮干しになっても銀色のまま。

1万円札のホログラムと同じ原理で発色するハネカクシ。

この部分が回折格子による色。

1万円札のホログラムに見られる規則的な構造。

にじが見えるわけ

　私たちが目で見ることができる光は、赤外線や紫外線などと同じように電磁波の一種で、「可視光」とよばれます。可視光のなかで、波長が短い光はむらさき色や青色、中くらいは緑色や黄色、波長の長い光はだいだい色や赤色に見えます。可視光より波長が短いと紫外線に、波長が長いと赤外線になります。紫外線や赤外線は、人の目には見えませんが、鳥や昆虫には紫外線が見えているといわれています。

　太陽の光は白く見えますが、これはむらさき色から赤色まですべての可視光が混じっているからです。この太陽光が、空気中の雨つぶに当たると、光が反射したり屈折したりして、さまざまな色の光に分かれます。この光は、雨つぶの大きさや密度、日の当たりかたによって見えかたがさまざまに変化します。この現象がにじです。にじも、タマムシのはねなどと同じように、広い意味での構造色といえるのです。

かがやくオサムシのなかま

肉食系のカラフル昆虫

オサムシの多くは、ほかの昆虫などを食べる肉食昆虫で、敵から身を守るためにくさいにおいを出すものもいます。オサムシ科を代表することの多いオサムシのなかまは、はねが退化して地面を走りまわっているので、別名を歩行虫ともいいます。

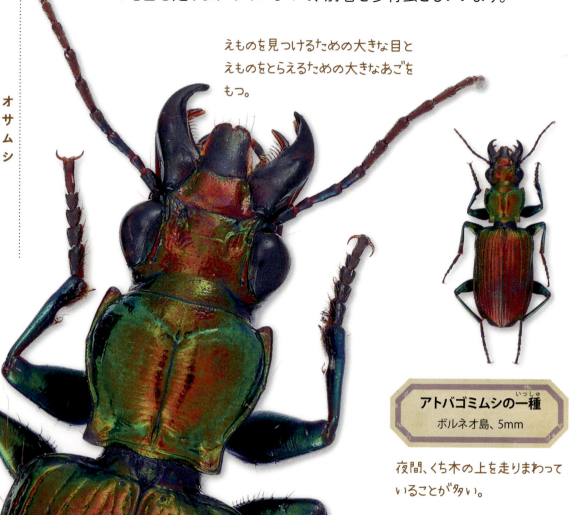

オサムシ

えものを見つけるための大きな目とえものをとらえるための大きなあごをもつ。

アトバゴミムシの一種
ボルネオ島、5mm

夜間、くち木の上を走りまわっていることが多い。

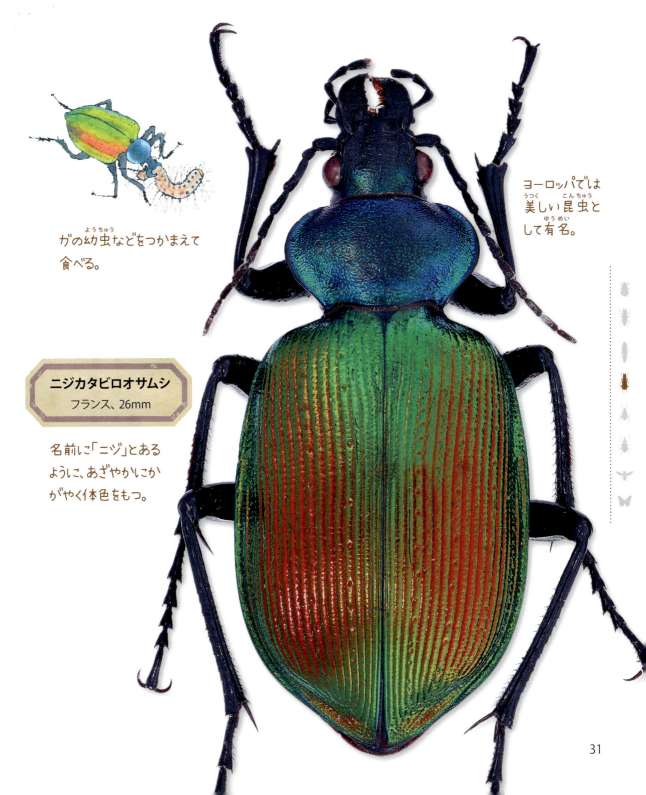

ガの幼虫などをつかまえて食べる。

ヨーロッパでは美しい昆虫として有名。

ニジカタビロオサムシ
フランス、26mm

名前に「ニジ」とあるように、あざやかにかがやく体色をもつ。

31

イボカブリモドキ
中国、44mm

オサムシ

体の表面にたくさんのこぶがある。金属のようなかがやきをはなつ体色と黒いこぶの組みあわせが美しい。

オサムシのなかまであるカブリモドキは、はねがなく飛べないので、遠いところまで移動できない。そのため、地域によって色や形がちがってくる。

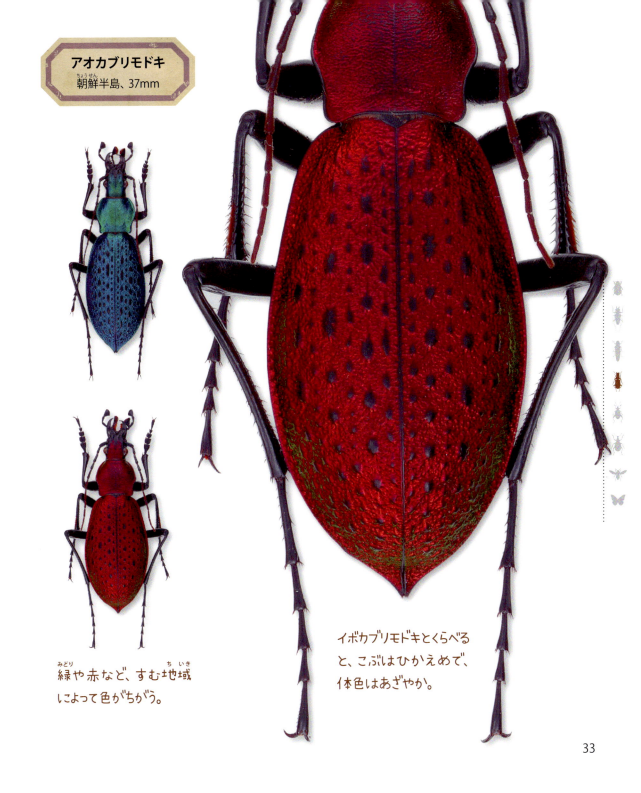

アオカブリモドキ
朝鮮半島、37mm

緑や赤など、すむ地域によって色がちがう。

イボカブリモドキとくらべると、こぶはひかえめで、体色はあざやか。

かがやく ハムシのなかま

小さいけれど個性が光る

多くのものは1センチにも満たない小さな昆虫で、成虫も幼虫も植物を食べます。きれいな色をもつものだけでなく、うしろあしが発達しているモモブトハムシのなかまや、体のへりが広がったり変形したりしているカメノコハムシのなかまがいます。

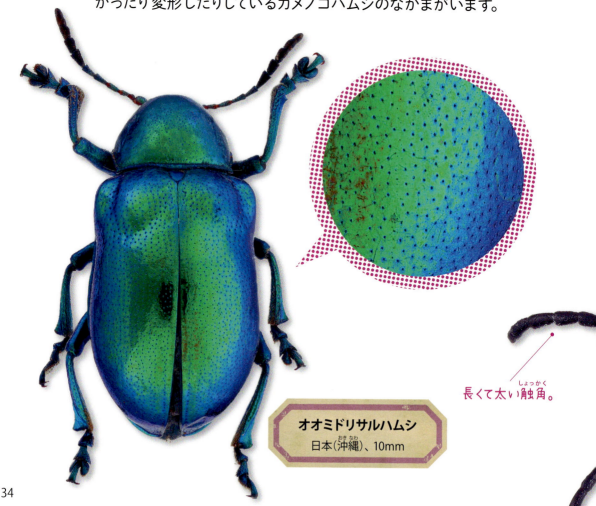

オオミドリサルハムシ
日本(沖縄)、10mm

長くて太い触角。

大型のハムシ。うしろあしが太い。

個体や地域によって色がちがう。

アカガネオオモモブトハムシ
ラオス、22mm

カメノコハムシの一種
ブラジル、14mm

体のへりが大きく広がっている。

36〜37ページのカメノコハムシは、かつてはブローチに加工されたこともあり、総称としてブローチハムシとよばれることもある。

かがやく ゾウムシ のなかま

かたさもおしゃれもナンバー1

ゾウムシは、甲虫のなかでもかたい外骨格をもった昆虫です。長い口を象の鼻になぞらえてゾウムシとよばれますが、ここで紹介するホウセキゾウムシやカタゾウムシは口が短いゾウムシです。

ゾウムシ

体全体が水色にかがやくそのすがたは、その名のとおり、まるで宝石のようだ。

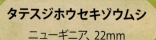

タテスジホウセキゾウムシ
ニューギニア、22mm

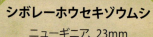

シボレーホウセキゾウムシ
ニューギニア、23mm

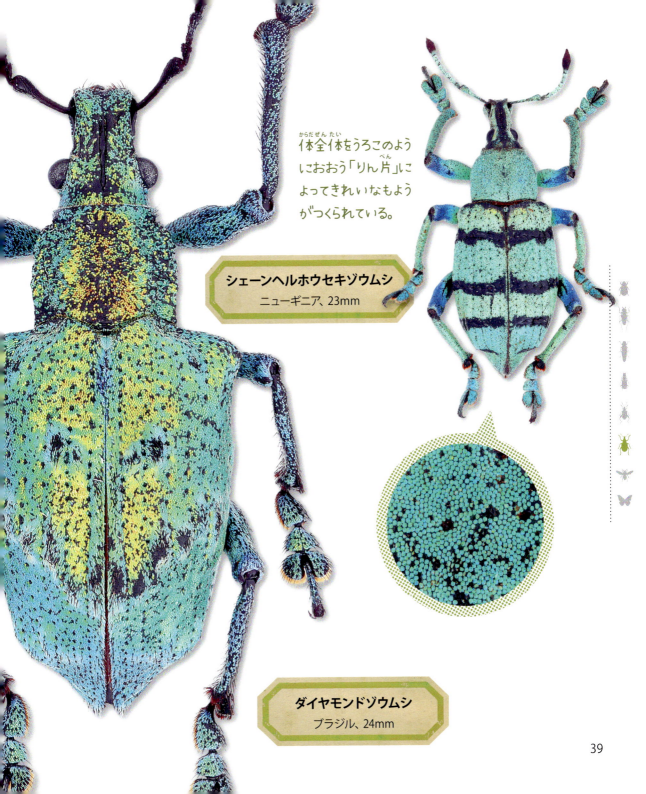

体全体をうろこのようにおおう「りん片」によってきれいなもようがつくられている。

シェーンヘルホウセキゾウムシ
ニューギニア、23mm

ダイヤモンドゾウムシ
ブラジル、24mm

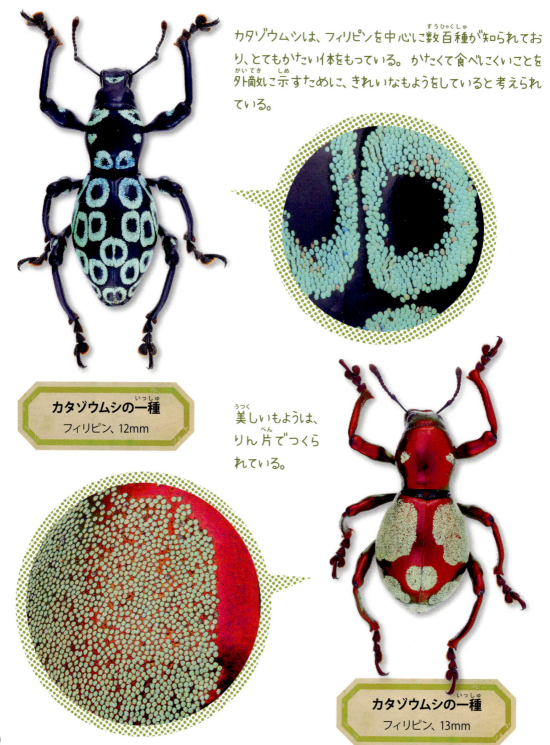

カタゾウムシは、フィリピンを中心に数百種が知られており、とてもかたい体をもっている。かたくて食べにくいことを外敵に示すために、きれいなもようをしていると考えられている。

カタゾウムシの一種
フィリピン、12mm

美しいもようは、りん片でつくられている。

カタゾウムシの一種
フィリピン、13mm

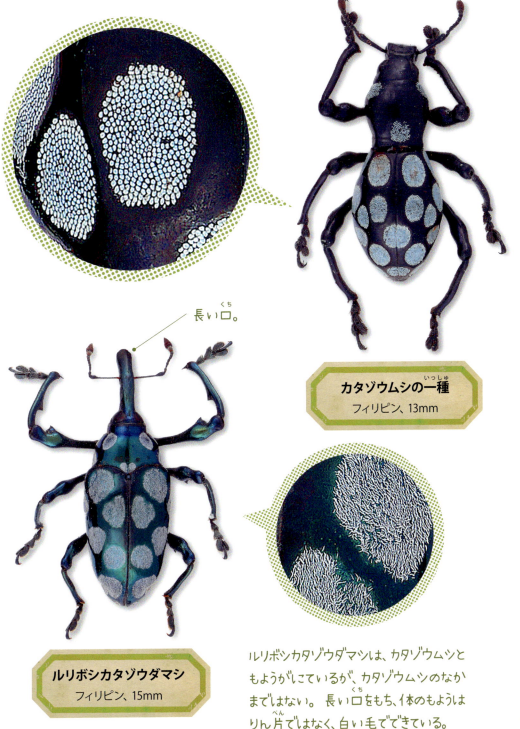

フォトニック結晶

　ブラジルのダイヤモンドゾウムシやフィリピンのカタゾウムシのあざやかな色は、黒い体の表面についているひとつひとつのりん片によってつくられています。とくにカタゾウムシの場合は、りん片のなかもステンドグラスのように細かく色づいています。このりん片の発色も構造色によるものです。

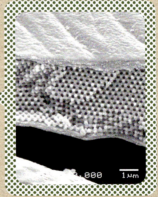

ダイヤモンドゾウムシ

ダイヤモンドゾウムシのりん片。

ダイヤモンドゾウムシのりん片の断面。

カタゾウムシ

カタゾウムシのりん片。

カタゾウムシのりん片の断面。

ダイヤモンドゾウムシのりん片の断面を電子顕微鏡で拡大して観察すると、大きさのそろった粒子が規則正しく整列している構造が見えます。また、カタゾウムシのりん片では、規則正しい網目状の細かな構造が見えます。このような構造はどちらも「フォトニック結晶」とよばれます。

　フォトニック結晶には、特定の波長の光が進む速さをゆっくりにしたり、進めなくしてしまう性質があります。この性質を利用することで、特殊なレーザー光や、電気ではなく光で動くコンピューターなどをつくることができるようになるだろうと期待されています。ただし、理想的な性質をもった三次元構造のフォトニック結晶を人工的につくるのは、まだ難しいとされています。はるか昔から生きてきた昆虫が、フォトニック結晶で美しい体色をつくりだしているというのは、おどろきです。

マエモンジャコウアゲハ

フォトニック結晶による発色は、ゾウムシだけでなく、マエモンジャコウアゲハの青緑色の紋の部分でも確認されている。上の写真は、マエモンジャコウアゲハの青緑色のりん片の断面を拡大したようす。細かい網目状のフォトニック結晶が見られる。自然界に見られるフォトニック結晶は少ないが、昆虫以外の自然物では、オパールにフォトニック結晶が見られる。

モスアイ構造

　構造色は、光が反射することで色があざやかに見えるしくみですが、それとは逆に、光の反射をおさえるしくみをもっている昆虫がいます。たとえば、チョウやガの目の表面を電子顕微鏡で拡大して見てみると、表面にとても細かいおうとつをもっているものがいます。これを「モスアイ構造」といいます。このモスアイ構造によって、目の表面での光の反射がおさえられ、目に光がよく届くようになっているのです。

　なお、すべてのチョウやガの目にモスアイ構造があるわけではなく、なぜモスアイ構造をもっている種類とそうでない種類がいるのかはわかっていません。

モンシロチョウの目の
モスアイ構造。

モンシロチョウの目。

光を反射しにくいセミのはね

　モスアイ構造は、昆虫の体のさまざまな部分にも見られます。たとえば、セミのはねの表面もモスアイ構造をしています。光の反射をおさえることで、鳥などの天敵に見つかりにくくなっていると考えられています。

　モスアイ構造を利用して、ディスプレイの反射をおさえるためのフィルムが、すでに実用化されています。将来、もっと簡単に物の表面にモスアイ構造をつくることができるようになれば、光を反射せず、その存在に気づかないくらい透明なガラスの自動車やショーウィンドーが生まれるかもしれません。

木にとまったミンミンゼミ。光が反射しにくいはねをもっている。

ミンミンゼミのはねのモスアイ構造。

光を反射しない透明なガラス。

かがやくハチのなかま

するどい針の使い手

　多くのハチは、産卵管が変化した針をもっています。また、ハバチのなかまをのぞいて胸と腹の間が細くくびれていて、そのおかげで腹を自由自在に動かし、針を最大限に活用することができます。単独で生活するものや、集団で社会生活を営むもの、植物を食べるもの、ほかの昆虫に寄生するもの、花のみつや花粉を食べるものなど、その生態はさまざまです。

ハチ

イラガセイボウ
日本、13mm

「セイボウ」とは、「青いハチ」という意味。セイボウのなかまはきれいなものが多い。多くはハチの幼虫に寄生するが、イラガセイボウは、イラガ（ガのなかま）のまゆに寄生する。

セナガアナバチの一種
ラオス、15mm

頭部を横から見たところ。

体全体があざやかにかがやいている。

ゴキブリに卵をうみつけるハチ。ゴキブリに針をさして、殺さずに動けなくしたあと、そのゴキブリに卵をうみつける。ゴキブリは、生きたままハチの幼虫のえさとなる。

アオスジハナバチの一種
ラオス、17mm

ハチ

腹部には、オパールのような青緑色の発色が見られる。

写真はオスの個体。オスはうしろあしが太く発達している。

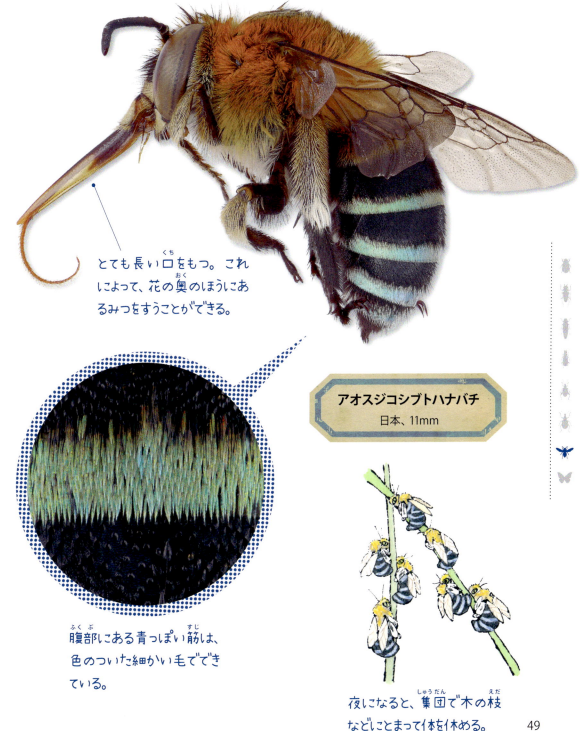

とても長い口をもつ。これによって、花の奥のほうにあるみつをすうことができる。

アオスジコシブトハナバチ
日本、11mm

腹部にある青っぽい筋は、色のついた細かい毛でできている。

夜になると、集団で木の枝などにとまって体を休める。

シッポウハナバチの一種
ラオス、9mm

ハチ

花のみつをすうための口。

じっさいの大きさ

シッポウハナバチ

小型の寄生バチ

アリヤドリコバチ

ガラス質の美しい表面で知られる七宝焼きのようなかがやきと質感がある。

小型の寄生バチの一種
ラオス、4mm

光沢のある美しい構造色をもつ。

アリヤドリコバチの一種
マレーシア、4mm

枝分かれした触角。

大きく発達した胸部には、飛ぶための筋肉がつまっている。

キャッチャーミットのような
独特（どくとく）な形のまえあし。
このあしでメスをしっかり
とつかまえ、交尾（こうび）をする。

ハチ

ヒラアシクマバチ
ラオス、31mm

はねを広げたときの左右の長さは、
70mm以上（いじょう）になる。

褐色（かっしょく）のはねは、見る角度（かくど）によって
さまざまな色にかがやいて見える。

アカガネコハナバチ
日本、8mm

銅色にかがやく体。

ミフシハバチの一種
ラオス、7mm

触角が3つの節からなることから、「ミフシ」の名がついた。

かがやくチョウのなかま

優雅に舞う青いかがやき

チョウは、そのはねのもようの美しさで多くの人びとに人気の昆虫です。なかでも青いかがやきの美しいはねをもつのが、中南米に生息しているモルフォチョウのなかまです。

ディディウスモルフォ
ペルー、150mm

チョウ

オス メス

マエモンジャコウアゲハ
ブラジル、73mm

チョウ

黒いはねに青緑色の紋が映える。

かがやく青色と深い赤色の組みあわせがインパクト大。

エスペリスウズマキタテハ
ペルー、46mm

ルリオビタテハの美しいるり色の紋。

ベルトゥムヌスマエモンジャコウ
ペルー、78mm

ルリオビタテハの一種
コロンビア、73mm

かがやく昆虫のひみつ

モルフォチョウの青色のひみつ

　青くかがやくモルフォチョウのオス。その美しい青色には、どのようなひみつがかくされているのでしょうか。

　はねの表面を拡大すると、魚のうろこのように粉がびっしりと並んでいることがわかります。この粉を「りん粉」といいます。このりん粉をひとつとって、断面をさらに拡大してみましょう。すると、りん粉の表面には細かい筋があることがわかります。そしてさらに拡大すると、細かい棚のような構造があることがわかります。

　モルフォチョウのはねは、この複雑な構造によって多層膜干渉と回折格子の中間の性質を示し、かがやく青色を出していると考えられています。この青色は、見る角度によって色の強弱は変化しますが、タマムシのように別の色に変化することはありません。色を生みだす構造がちがうと色の見えかたもちがうというのが、構造色のおもしろいところです。

モルフォチョウは、中南米に生息し、30種ほどが知られている。

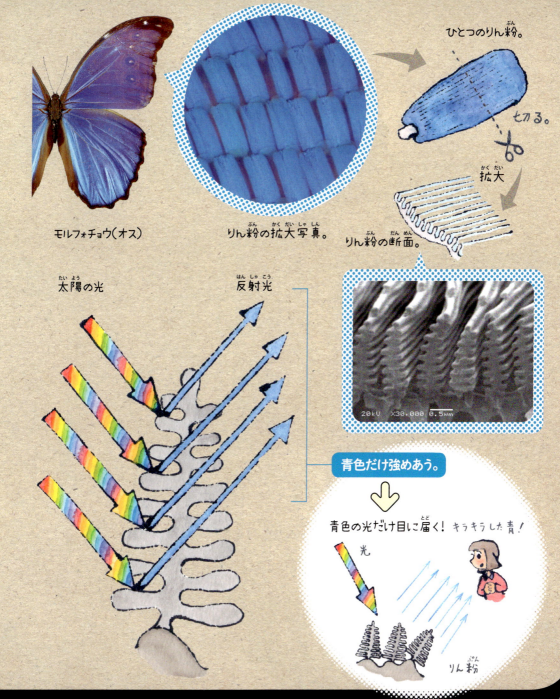

かがやく昆虫のひみつ

生きものに学ぶ

生きものの体の特性を私たちのくらしに応用することを「バイオミメティクス（生物模倣工学）」といいます。たとえば、タマムシやモルフォチョウなどが発色するしくみを応用して、色素を使わない繊維やフィルムなどが開発されています。これらの製品の特長は、通常の塗装とちがって、洗ったり光が当たったりしても色あせることがないという点にあります。昆虫以外にもいろいろなバイオミメティクスが研究されており、私たちのくらしに生かされています。

「生きものに学ぶ」――― この姿勢が私たちの未来を変えるかもしれません。

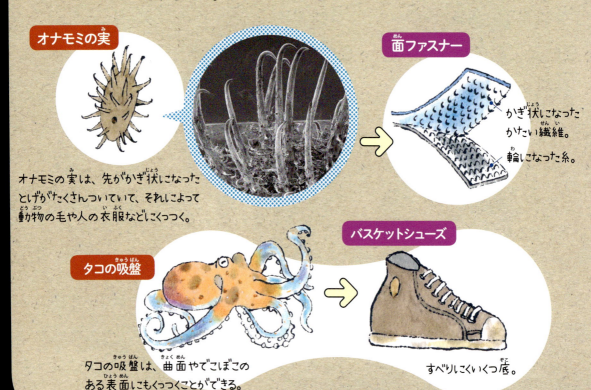

オナモミの実

オナモミの実は、先がかぎ状になったとげがたくさんついていて、それによって動物の毛や人の衣服などにくっつく。

面ファスナー

かぎ状になったかさい繊維。
輪になった糸。

タコの吸盤

タコの吸盤は、曲面やでこぼこのある表面にもくっつくことができる。

バスケットシューズ

すべりにくいくつ底。

ハコフグ

ハコフグは意外に速く泳ぐ。流線形の体が、水の抵抗を小さくしていると考えられている。

自動車

ハコフグの形をヒントにしてデザインされた自動車。通常の自動車にくらべて空気抵抗が65％以上小さい。

フクロウ

フクロウは、羽音をたてずに飛ぶ。はねのギザギザ構造が空気抵抗を小さくしている。

カワセミ

カワセミは、スムーズに水に飛びこむ。細いくちばしが水の抵抗を小さくしている。

新幹線（500系）

フクロウのはねをまねて、パンタグラフにギザギザをつけて騒音を減らした。また、先頭車両の形は、カワセミのくちばしをまねて細くし、トンネルをくぐるときに出る騒音をおさえた。

トンボ

はねの表面に細かいおうとつがある。これにより、空気の細かいうずを生みだし、弱い風でも遠くまで移動できる。

風力発電機

トンボのはねの構造を風力発電機のはねに応用して、弱い風でも回るようにした。

おわりに

　日本のきれいな昆虫の代表といえばやはりヤマトタマムシです。ヤマトタマムシはちょっとした森にも生息しています。夏の暑い時間に活発に飛びまわりますが、低いところにはあまり降りてこず、しかもすばしこい昆虫です。初めてヤマトタマムシを見つけたとき、当時は小学生で柄の短い虫とり網しかもっていなかった私にはつかまえられず、くやしい思いをした記憶があります。

　色とりどりで金ぴかの色は異性へのアピールやなかまを見つけるのに使われていることもありますが、じつは、多くの昆虫では、何のための色や光沢なのかわかっていません。おまけに、昆虫は人間に見えない紫外線などの光を見ることができます。昆虫が見ている世界は、私たちが見ている世界とはずいぶんちがっているはずです。

私の専門はネジレバネという昆虫なのですが、ネジレバネのなかまはすべての種類が茶色か黒で、この本に出てくるような美しい光沢のあるものは1種もいません。
　今回はきれいな色に注目して昆虫をとりあげましたが、じつはほとんどの昆虫は地味な色をしています。しかし、地味な色の昆虫もけっしてつまらない生きものではありません。色が地味でもツノやトゲが生えていたりして、おもしろいすがたをしたものや、私たちの想像が及ばないような奇妙な生活をしているものがいます。
　ネジレバネも、色は地味ですが、そのくらしぶりがとてもおもしろいので研究対象にしています。その話はまた別の機会にしましょう。

中瀬悠太

著・写真 ● 中瀬悠太（なかせ ゆうた）

1985年三重県出身。国立科学博物館特別研究生。京都大学大学院人間・環境学研究科博士課程修了。博士（人間・環境学）。生態がほとんど明らかになっていないネジレバネという寄生性昆虫と、その宿主である虫の研究が専門。共著に『昆虫はもっとすごい』（光文社新書）がある。

絵 ● 内村尚志（うちむら たかし）

1981年東京生まれ。慶應義塾大学政策・メディア研究科修士課程修了。幼少時の3年間をオーストラリアで過ごす。大学在学中に、フランス語、スペイン語、ドイツ語を習得。絵とテキストの組み合わせによる表現に魅せられ、絵本とイラストレーションの制作に専心する。第16回ピンポイント絵本コンペに入選（2015）、40周年記念「クレヨンハウス絵本大賞」で優秀作品賞を受賞（2016）。主なイラストレーションの仕事に『ティティはパリでお留守番』（評言社）、雑誌「ふらんす」（白水社 2010〜2017）、「アンデル」（中央公論新社 2015〜2017）など。
Website http://www.takfrog.net

監修 ● 野村周平（のむら しゅうへい）

1962年佐賀県生まれ。1990年九州大学大学院農学研究科単位取得退学。農学博士。1995年4月より国立科学博物館動物研究部に勤務。陸生無脊椎動物研究グループ。研究主幹。専門は、日本およびアジア産コウチュウ目ハネカクシ科アリヅカムシ亜科の分類学、形態学および生態学的研究。近年では甲虫に限らず昆虫全般のバイオミメティクス研究を行っている。九州大学客員准教授。日本甲虫学会会長、日本昆虫学会副会長。

装丁・デザイン ● タカハシデザイン室
プリンティングディレクション ● 植田和道（株式会社光陽メディア）
写真提供 ● 野村周平、飛騨高山 茶の湯の森（p.26）、浜松医科大学生物学教室（p.27）、アフロ、PIXTA

ポプラサイエンスランド 6
かがやく昆虫のひみつ

発行　2017年3月　第1刷

著・写真…中瀬悠太　絵…内村尚志　監修…野村周平
発行者…長谷川均
発行所…株式会社ポプラ社　〒160-8565　東京都新宿区大京町22-1
Tel　03-3357-2212（営業）03-3357-2216（編集）　振替 00140-3-149271
http://www.poplar.co.jp
印刷…株式会社光陽メディア　製本…株式会社難波製本

©Yuta Nakase & Takashi Uchimura 2017 Printed in Japan
N.D.C. 486／63p／22cm　ISBN978-4-591-15322-2

落丁・乱丁本は送料小社負担でお取り替えいたします。小社製作部宛にご連絡ください。（電話 0120-666-553）
受付時間は月〜金曜日9:00〜17:00（祝祭日を除く）。
読者の皆様からのお便りをお待ちしております。いただいたお便りは、編集部から著者にお渡しいたします。

本書のコピー、スキャン、デジタル化等の無断複製は著作権法上での例外を除き、禁じられています。
本書を代行業者などの第三者に依頼してスキャンやデジタル化することは、
たとえ個人や家庭内での利用であっても著作権法上認められておりません。